SENAC • Serviço Nacional de
Aprendizagem Comercial-DF

PRESIDENTE DO CONSELHO REGIONAL
Adelmir Santana

DIRETOR REGIONAL
Luiz Otávio da Justa Neves

EDITORA SENAC DISTRITO FEDERAL

Coordenador
Luiz Otávio da Justa Neves

Editora-chefe
Bete Bhering
(mariabh@senacdf.com.br)

Livreiro-chefe
Antonio Marcos Bernardes Neto
(marcos@senacdf.com.br)

Coordenação Editorial
Gustavo Coelho
(gustavo.souza@senacdf.com.br)

Equipe da Editora
Bete Bhering
Gustavo Coelho
Nair Ofuji
Eduarda Trivelli

EDITORA SENAC-DF
SIA Trecho 3, lotes 625/695,
Shopping Sia Center Mall - Loja 10
CEP 71200-030 - Guará-DF
Telefone: (61) 3313.8789
e-mail: editora@senacdf.com.br
home page: www.editora.senacdf.com.br

CONSELHO EDITORIAL

Membros Titulares
Antonio Marcos Bernardes Neto
Paulo Henrique de C. Lemos
Lindomar Aparecida da Silva
Maria do Espírito Santo Batista
Viviane Rassi

Membros Colaboradores
Antonia Maria Ribeiro Rodrigues
Elidiani Domingues Bassan de Lima
Heloisa Helena de Almeida Borges
Helena S. de Oliveira
Roberta Guimarães Fonseca

NESTA EDIÇÃO

Texto
Evelyne Ofugi

Revisão textual
Bete Bhering

Capa, Projeto gráfico
Eduarda Trivelli e Gustavo Coelho

Diagramação
Eduarda Trivelli

Revisão de editoração
Gustavo Coelho

Revisão de prova
Nair Ofuji

Fotografia
Andréia Fernandes

Ilustração
Bentô Kids

Transcrição dos títulos para o alfabeto em japonês
Helena Ofugi

Copyright © by Evelyne Ofugi
Todos os direitos desta edição
reservados à Editora Senac-DF.
Editora Senac Distrito Federal, 2015.

Ficha Catalográfica
E93a

Ofugi, Evelyne. Alegria na Cozinha - Lanches Divertidos/
Evelyne Ofugi – Brasília: Editora Senac-DF, 2015
116 p.; 20 x 20 cm
ISBN: 978-85-62564-53

1. Lanches. 2. Gastronomia. I.Título.

CDU 642.2

Alegria na Cozinha

Lanches Divertidos

Evelyne Ofugi

Brasília, DF
Editora Senac Distrito Federal
2015.

献身

Dedicatória

Dedico este livro à minha família, esposo e filho que são tudo para mim. Dedico também aos amigos queridos, em especial à Paloma Guimarães, e à minha avó Tieco Numao Ofuji (in memoriam)

Agradecimentos

Agradeço à minha mãe, Helena, à minha irmã Alyne e ao meu pai Kazuyoshi, que sempre estiveram ao meu lado me apoiando incondicionalmente, exemplos de mulheres fortes e batalhadoras. Agradeço ao meu marido Luiz Augusto, companheiro de todas as horas e ao meu filho Enzo. Sem eles eu nada seria. Minhas tias Nair e Clementina que sempre acreditaram no meu crescimento. Aos meus sogros, parentes, padrinhos e amigos que me ofereceram suporte e carinho. Minha querida amiga e excelente profissional das lindas fotos que aqui estão, Andréia Fernandes. À editora Senac-DF e sua equipe, que me ofereceram suporte e acreditam no projeto por uma alimentação mais saudável e criativa para nossas crianças.

Agradeço a Deus por ter me proporcionado o prazer de ter por perto, tantas pessoas queridas e amadas.

Incentivar crianças a visitarem a cozinha com segurança e alegria; desvendar o mundo do preparo de alimentos saudáveis, saborosos e criativos para mães e filhos são as propostas que Evelyne Ofugi, empresária com especialização em nutrição infantil, nutrição funcional e adepta da arte Bentô, oferece neste livro.

Conforme apresentado pela autora em diversos programas de televisão, em revistas do gênero e em workshops, essa arte está ao alcance de todos que se interessam por uma culinária de qualidade, aqui oferecida para o preparo de lanches infantis (Bentô Kids).

Oriundo da tradição japonesa, o Bentô tem por características a alimentação saudável apresentada de forma divertida para estimular o gosto por alimentos nutritivos.

"Alegria na Cozinha", ilustrado com belas fotos e passo-a-passo de cada receita, traz dicas, curiosidades e muita informação para que o preparo de lanches infantis se torne um momento lúdico, criativo e de interação familiar.

Boa leitura!

Adelmir Santana
Presidente do Conselho Regional do Senac-DF

Sumário

Apresentação 13

Prefácio 15

Introdução 17

Utensílios de cozinha 19

Temperos naturais 21

Pastas e patês 23
    Patê Xô Vampiro 24
    Patê Sou Brasileiro 24
    Patê do Senhor Coelho 24
    Patê de Nozes 24
    Patê Supimpa 25
    Guacamole 25
    Requeijão sem Lactose 25
    Homus 25
    Patê de Tomate Seco e Quinoa 26
    Patê de Atum 26
    Patê dos Campeões 26
    Patê de Frango com Milho 26
    Patê de Talos de Legumes 27
    Patê dos Macaquinhos 27
    Patê Doce do Hulk 27
    Patê Uau 27

Pães divertidos ... 29
- Cachorrinho de pão de forma ... 31
- Pantufa de bisnaga ... 33
- Carrinho de bisnaga ... 35
- Joana Joaninha ... 37
- Sapatilhas de ballet ... 39
- O leão esperto ... 41
- O panda feliz ... 43
- O porquinho serelepe ... 47
- A coruja assustada ... 49
- As galinhas amigas ... 51

Usando o forno e o fogão ... 53
- Ursinho de tapioca ... 55
- Cuscuz de bichinhos ... 57
- Girafa de panqueca ... 59
- Panquecas românticas ... 61
- Pasteizinhos assados de caranguejo ... 63
- Pão de queijo de bichinho ... 65
- Pãozinho de batata divertido ... 67
- Balinha de minhoca ... 69
- Cookies- moedinhas dos piratas ... 71
- Tortinhas de rosas ... 73

Frutas Felizes ... 75
- O coelho sabido ... 77
- A cobra colorida ... 79
- Passarinho apaixonado ... 81
- Arco-íris ... 83
- O porco espinho de pera ... 85
- Caranguejo de maçã ... 87
- Ratinho de kiwi ... 89
- Espetinho de foguete ... 91
- Borboleta encantada ... 93
- Picolés fruliruli ... 95
- Gelatina com frutas ... 97

Uma lancheira divertida ... 99

Festas..**103**
Dúvidas e perguntas frequentes **111**
Referências Bibliográficas **113**

Apresentação

Segundo o Instituto Brasileiro de Geografia e Estatística (IBGE), a obesidade entre crianças e adolescentes apresenta índices crescentes, ano após ano, no mundo todo. De acordo com o estudo, uma em cada três crianças com idade entre cinco e nove anos apresenta peso acima do recomendado pela Organização Mundial da Saúde (OMS) e pelo Ministério da Saúde, sendo classificada como obesos e obesos mórbidos. Com este livro de lanches divertidos e saudáveis (Bentô) a autora visa colaborar para reversão deste preocupante quadro, trazendo as crianças para a cozinha, com o intuito de apresentá-las às verduras, frutas e legumes de forma atrativa e divertida proporcionando-lhes a possibilidade de experimentar, sem medo, o fantástico mundo da culinária. Além disso, o livro ainda traz opções saudáveis com receitas criativas e saborosas para a preparação de lanches caseiros, festas e para a montagem de lancheiras.

Prefácio

O que fazer para o meu filho comer bem?
Essa é uma das inúmeras preocupações que acometem as mães de forma sistemática.
Pensando nisso, a autora Evelyne Ofugi pretende expandir ideias, oferecer ajuda especialmente às mães para modificarem velhos hábitos alimentares.
De forma prática e rápida e com muita imaginação, convida seu leitor a conhecer o mundo das proteínas, carboidratos, vitaminas e sais minerais com técnicas de preparação de fácil manejo.
Seu trabalho pode ser definido como uma proposta de 'brincar de comer', onde a criança, sem perceber, é conquistada a consumir alimentos importantes e nutritivos.
Com comprometimento e de forma lúdica, despretensiosamente, a autora transforma o alimento, dando-lhe carinhas e formatos divertidos, levando seus leitores a mergulhar na fantasia infantil para descobrir o valor das frutas, dos legumes, e das saladas. Uma nova perspectiva que serve para nos chamar a atenção sobre a importância da alimentação saudável.

Sandra Jannuzzi
*Chefe de cozinha especialista
em obesidade e emagrecimento*

Introdução

A obesidade, doença que cresce em proporções alarmantes, é considerada hoje pelo mundo como uma epidemia. Isto se deve, entre outros fatores, às alterações dos padrões nutricionais resultantes de mudanças na dieta dos indivíduos. Os fatores que levam a essas alterações são inúmeros e vários destes comportamentos pertinentes à conduta alimentar, são aprendidos pela criança no seu meio sócio-familiar.

A importância da nutrição durante todo o ciclo vital parece absolutamente óbvia.

Estabelecer bons hábitos alimentares durante a infância diminui a possibilidade de um comportamento alimentar inapropriado, que ocorre com distúrbios frequentes.

A nutrição desempenha um papel primário no crescimento, desenvolvimento, saúde e bem estar do ser humano. A manutenção apropriada da nutrição ao longo da vida pode prevenir, ou pelo menos adiar, o início de algumas doenças relacionadas à alimentação inadequada.

Neste livro, a autora Evelyne Ofugi, adepta da arte Bentô, nos ensina a importância da criatividade na apresentação de lanches divertidos, ricos no sabor e no valor nutricional, buscando despertar nos pais e cuidadores de crianças a importância da alimentação prazerosa e ao mesmo tempo saudável para motivá-las a buscar sempre o alimento necessário para uma vida feliz.

Ivânia Cátia Moutinho Ramos
Especialista em Nutrição Clínica

Utensílios de cozinha

Conhecer e manusear os utensílios de cozinha são fundamentais para que a criança conheça também melhor os alimentos, mas nunca sozinha. Toda criança deve estar acompanhada de um adulto que possa ensiná-la como utilizar cada um sem se machucar.

Temperos naturais

A alimentação infantil deve ser bem suave. Dessa maneira, os temperos precisam ser dosados e nunca exagerados. Evitar pimenta e páprica até os cinco anos é importante, pois são agressivas ao tubo digestivo dos baixinhos. Prefiram o cheiro verde, manjericão, o limão e o alho que são ótimos antioxidantes e imunoestimulantes. Assim, a criança trabalha o paladar de forma harmônica e tranquila.

Pastas e patês

Patê Xô Vampiro
1 dente de alho picado e dourado no azeite
1 colher de sopa de ricota ou creme de ricota
1 colher de sopa de salsão picado ou da sua folha picada
1 pitada de sal

Patê Sou Brasileiro
2 colheres de sopa de abacate maduro ou ricota cremosa
1 colher de sopa de milho verde
1 colher de sopa de pepino picado ou ralado
3 gotas de limão
Sal a gosto

Patê do Senhor Coelho
2 colheres de sopa de cenoura ralada
2 colheres de sopa de abóbora cozida e amassada ou ricota
Alecrim
Sal a gosto

Patê de Nozes
1 pitada de noz moscada
2 colheres de ricota cremosa
1 colher de nozes picadas
Sal a gosto

Patê Supimpa
2 colheres de sopa de ricota ou ricota cremosa
1 tomate seco picado
2 folhas de manjericão picadas
1 colher de chá de alho poró picado

Guacamole
1/2 abacate picado
1/2 tomate picado
1 colher de sopa de cebola branca picada
1 colher de sopa de folha de coentro picada
2 colheres de sopa de suco de limão
1/2 colher de café de sal

Requeijão sem Lactose
4 colheres de sopa de tofu
1 colher de sopa de azeite de oliva
1 colher de sopa de água
1 colher de chá de sal

Homus
1 xícara de grão de bico cozido
1 colher de sopa de azeite de oliva
1 colher de sopa de gergelim
2 colheres de sopa de suco de limão
1 colher de café de sal
Bata tudo no liquidificador e pronto.

Patê de Tomate Seco e Quinoa
1 xícara de chá de tomate seco
1 colher de sopa de quinoa real em flocos
50 gramas de ricota
1 folha de manjericão
Bata tudo no liquidificador até virar uma pasta homogênea.

Patê de Atum
1 lata de atum
2 colheres de sopa de maionese ou queijo frescal ou ricota
Cheiro verde a gosto
Mexa tudo e sirva no pão.

Patê dos Campeões
2 xícaras de chá de legumes (cenoura, berinjela, couve , etc).
Meia xícara de chá de cebola picada.
1 dente de alho amassado.
Cozinhe os legumes no vapor ou na água com o sal, refogue a cebola e o alho. Leve tudo ao liquidificador e tempere com sal e azeite se achar necessário. Uma segunda opção é adicionar cream cheese ao patê e misturar.

Patê de Frango com Milho
1xícara de chá de peito de frango cozido e desfiado.
1cenoura média ralada
1xícara de chá de ricota
Meia xícara de chá de milho
Sal a gosto
Misture todos os ingredientes e sirva.

Patê de Talos de Legumes
Talos diversos de legumes (couve, alface, brócolis, couve flor, espinafre...)
1 xícara de chá de ricota ou tofu
1 colher de azeite
1 colher de chá de sal
Bata tudo no liquidificador e sirva.

Patê dos Macaquinhos
1 banana nanica madura
1 pote de iogurte desnatado
2 colheres de mel
Bata tudo no liquidificador.

Patê Doce do Hulk
1/2 abacate
2 colheres de mel
1 maçã
Bata tudo no liquidificador.

Patê Uau
3 colheres de sopa de mirtilo
1 pode de iogurte desnatado
2 colheres de ricota
3 colheres de mel
Bata tudo no liquidificador.

Cachorrinho de pão de forma

FAIXA ETÁRIA: +4 ANOS

Tempo de preparo
7 minutos

Material:
Descascador de legumes
Tesoura sem ponta

Ingredientes:
2 fatias de pão de forma
Patê de sua preferência (pág 23)
1 fatia de peito de peru
Pepino cortado em fatias finas
1 tomatinho cereja
3 uvas passas

Essa receita é feita para você não jogar mais a tampa do pão de forma. Outra dica legal é cortar a tampa em cubinhos, regar com azeite e ervas e colocar no forno em temperatura média por 10 minutos. Assim você terá *croutons* crocantes e saborosos para colocar na salada!

MODO DE FAZER:
1. Pegue a tampa do pão de forma e mais uma fatia de pão.
2. Coloque o patê, o peito de peru e o pepino no pão de forma.
3. Pegue a tampa do pão e com uma tesoura corte-a como mostra a foto.
4. Posicione a tampa do pão para formar o rosto do cachorrinho.
5. Coloque a uva passa no nariz e nos olhos do cachorrinho.
6. Se quiser fazer uma gravatinha ou um lacinho, pegue o tomate cereja, corte ao meio e posicione-o como mostra a foto, ou faça uma língua.

Pantufa de bisnaga

Tempo de preparo
5 minutos

Material:
Faca sem ponta

Ingredientes:
2 bisnagas
O patê de sua preferência
(pág 23)

As papinhas de bebê que já foram mencionadas acima são uma boa pedida!

MODO DE FAZER:
1. Corte a bisnaga como mostram as fotos.
2. Depois corte a bisnaga ao meio.
3. Preencha a fatia com o patê e feche.

Carrinho de bisnaga

Tempo de preparo
10 minutos

Ingredientes:
1 bisnaga
1 tomate cereja
4 rodelas finas de pepino
4 rodelas de cenoura
Peito de peru
Patê de sua preferência
(pág 23)

Você sabia que o tomate ajuda no desenvolvimento dos dentes, ossos e músculos por conter vitaminas C, A e B9, além de cálcio, magnésio, fósforo e potássio?

MODO DE FAZER:
1. Passe uma bisnaga já cortada ao meio e com recheio para a criança e fique com uma para tornar esse lanche mais divertido!
2. Pergunte à criança quem quer comer um carrinho. Quando a criança e você levantarem os dedos, vá diretamente ao centro da bisnaga e fure-o com o dedo. Esse será o assento do piloto.
3. Nosso piloto será 1 tomatinho cereja, mas pode ser um ovo de codorna, uma cenourinha baby ou uma azeitona.
4. Em seguida ajude a criança a passar o patê nas duas laterais da bisnaga para grudar as fatias de cenoura e pepino para formar as 4 rodas do carrinho.
5. Opções: Use a imaginação! Pode fazer volante com milho, ou rodela de alguma verdura, faróis, calota, até um teto!

てんとう虫

Joana Joaninha

Tempo de preparo
10 minutos

Material:
Cortador pequeno circular
Faca sem ponta ou tesoura

Ingredientes:
1 pão de hambúrguer ou 2 fatias de pão de forma
1 fatia de queijo branco
1 fatia de peito de peru
Patê de sua preferência (pág 23)
1 fatia de tomate
1 colher de sopa de cenoura ralada
1 colher de sopa de broto de alfafa ou broto de girassol
Uva passa ou ameixa seca

Você sabia que existe uma Orquestra Vegetal de Viena e que lá eles usam vegetais para fazer música? A cenoura tem inúmeras vantagens nutritivas e é muito utilizada para fazer flauta. Seu miolo é retirado e são feitos buracos em sua casca, como em uma flauta propriamente dita.

MODO DE FAZER:
1. Corte o pão de forma com a tampa ou cortador circular.
2. Pegue uma das fatias redondas e corte ao meio.
3. Escolha um de nossos patês, a cenoura ralada e passe no pão de forma redondo.
4. Posicione a uva passa em cima do pão redondo e em seguida posicione as asas da joaninha como no passo a passo. Você pode optar também por fazer as asas com o tomate.

FAIXA ETÁRIA: +5 ANOS

バレエ

Sapatilhas de ballet

FAIXA ETÁRIA: +5 ANOS

Tempo de preparo
10 minutos

Material:
Faca sem ponta

Ingredientes:
2 bisnagas
Patê de sua preferência (pág 23)
1 fatia de peito de peru

O peito de peru, mesmo sendo mais saudável que outros, ainda continua sendo um embutido. Procure usar com moderação, pois contém bastante sal e aditivos químicos. Outras alternativas são a sardinha e o atum!

MODO DE FAZER:
1. Pegue o peito de peru e corte duas fatias finas para fazer as fitas das sapatilhas.
2. Corte as bisnagas ao meio e preencha com o patê de sua preferência e o que sobrou do peito de peru.
3. Retire uma tampa fina da superfície do pão.
4. Coloque as fatias finas de peito de peru em cima da sapatilha para imitar suas fitas.

O leão esperto

FAIXA ETÁRIA: +4 ANOS

Tempo de preparo
15 minutos

Material:
Cortador redondo pequeno ou uma tampa pequena

Ingredientes:
2 fatias de pão de forma ou 1 pão sírio redondo
1 folha grande de alface
3 colheres de sopa de cenoura ralada
Patê de sua preferência (pág 23)
1 colher de sopa de beterraba ralada
1 colher de sopa de repolho cortado fino
1 fatia de tomate
1 tomatinho cereja
1 fatia de queijo branco
2 uvas passas
Alternativas são a sardinha e o atum!

Alface hidropônica é cultivada em água com nutrientes e é diferente de alface orgânico que é cultivado na terra sem o uso de agrotóxicos.

MODO DE FAZER:
1. Corte o pão de forma em formato redondo.
2. Peça para criança picar a alface com as mãos.
3. Coloque em uma das partes o patê, a beterraba, a alface e a cenoura ralada deixando as folhas e as verduras raladas para fora do pão, como a juba do leão.
4. Feche o pão com a outra fatia.
5. Para fazer os olhos do leão use 2 uvas passas e para fazer o nariz e o bigode, um pouco de cenoura ralada.
6. Pegue um prato e coloque mais alface e salada nele, depois pegue o pão de leão e coloque em cima! Assim a juba ficará bem grande e vistosa como a de um leão feroz!

O panda feliz

Tempo de preparo
20 minutos

Material:
Cortador circular grande ou uma tampa grande
Cortador circular pequeno ou uma tampa pequena
Tesoura
Faca sem ponta
Canudo

Ingredientes:
1 tampa de pão de forma integral
4 fatias de pão de forma ou 2 pães sírios cortados ao meio.
1 azeitona preta ou ameixa seca.
1 brioche
Patê de sua preferência (pág 23)
2 fatias de queijo branco
2 fatias de peito de peru
Geleia de sua preferência
1 folha grande de alface
Pepinos em rodelas
Cenouras em rodelas
Milho verde
1 colher de chá de geleia de morango

FAIXA ETÁRIA: +7 ANOS

O pepino é originário da Índia e é um fruto e não um vegetal.

MODO DE FAZER:
1. Corte as quatro fatias de pão de forma em círculo usando a tampa ou cortador. Com esse mesmo cortador redondo corte uma parte de duas fatias de pão redondo.
2. Abra os pães de forma e coloque a geleia em um sanduiche geleia e no outro coloque o queijo, o pepino, o queijo, peito de peru e a alface.
3. Corte o brioche ao meio para fazer as patinhas do panda; pode colocar geleia em seu interior, caso queira.
4. Corte a rodela de pepino ao meio para fazer as orelhas.

5. Com o canudo corte o queijo branco para fazer os olhinhos.
6. Para fazer o nariz e as manchas pretas nos olhos use pedacinhos de ameixa ou azeitona preta.
7. A bochecha do panda pode ser feita com um pingo de geleia ou um pedacinho redondo de cenoura.
8. O seu panda já está pronto, mas se quiser brincar mais, segue abaixo um passo a passo de bambu bem legal!

O porquinho serelepe

Tempo de preparo
10 minutos

Material:
1 canudo
Cortador circular pequeno ou uma tampa pequena
Faca sem ponta

Ingredientes:
2 fatias de pão de forma ou 1 pão sírio redondo.
1 uva passa
1 rodela de cenoura
1 fatia de peito de peru
1 fatia de queijo branco
Patê de sua preferência (pág 23)
1 colher de sopa de beterraba ralada
1 rodela de tomate
1 colher de sopa de cenoura ralada

Você sabia que o que define a coloração dos queijos não é a quantidade de calorias e gorduras presentes neles, e sim o processo de produção? Os queijos brancos são feitos de massas cruas com pouca ou muita gordura e os queijos amarelos são feitos de massas cozidas ou semi-cozidas. O Emmental é considerado um queijo amarelo e o Camembert um queijo branco e ambos possuem 95 calorias em 30 gramas.

MODO DE FAZER:
1. Pegue as duas fatias de pão e corte em formato circular. Guarde as sobras para fazer a orelha do porquinho.
2. Coloque o recheio no pão e feche.
3. Agora divida a uva passa ao meio para fazer os olhos do porquinho e faça dois buraquinhos na rodela de cenoura com o canudo para fazer o nariz.

47

A coruja assustada

Tempo de preparo
10 minutos

Material:
Tesoura sem ponta

Ingredientes:
2 pães sírios
1 rodela de cenoura
2 rodelas de pepino ou abobrinha ou berinjela
1 azeitona preta ou 1 uva passa
3 rodelas bem finas de abobrinha italiana ou berinjela grelhada
Patê de sua preferência (pág 23)
1 folha de alface
Geleia de sua preferência

Para tirar o amargo da berinjela, deixe suas fatias de molho em água e sal por no mínimo 15 minutos e depois escorra.

MODO DE FAZER:
1. Com uma tesoura corte o pão de forma como mostra a figura.
2. Adicione o recheio e feche.
3. Você pode fazer as asas da coruja de geleia para diversificar os sabores do lanche.
4. Posicione as duas rodelas de abobrinha no pão para fazer os olhos assustados da coruja.
5. Em seguida corte um pedaço da rodela de cenoura para fazer o bico e coloque as uvas passas em cima das rodelas de abobrinha para fazer o pretinho dos olhos.
6. Se quiser, pode fazer uma barriguinha na coruja usando uma rodela de cenoura ou uma fatia de peito de peru que pode ser cortado em formato de coração com a tesoura

鶏

As galinhas amigas

Tempo de preparo
20 minutos

Material:
Faca sem ponta

Ingredientes:
2 brioches
2 biscoitos de palitinhos
Omelete
4 cravos da índia
2 ovos de codorna cozidos e descascados
1 folha de alface
1 colher de sopa de cenoura ralada
1 rodela de cenoura

Um ovo de codorna tem mais proteínas, retinol, fósforo, ferro e cálcio que o ovo de galinhas, mas, tem também o dobro do colesterol do ovo de galinha. E agora? Qual escolher? Você consegue comer apenas um ovinho de codorna?

MODO DE FAZER:
1. Pegue os brioches e retire um pedaço da tampa, como mostra a foto.
2. Depois com o dedo, retire o miolo do pão, pois colocaremos a omelete dentro do pão.
3. Coloque um pedaço de alface com cenoura ralada em uma das pontas do pão para fazer as penas do rabo da galinha, se quiser deixar mais bonito, pode usar repolho roxo e tomate cortados em filetes também.
4. Agora adicione a omelete no pão e reserve.
5. Vamos preparar a cabeça da galinha.
6. Coloque 2 cravos no ovo de codorna para fazer os olhos.
7. Corte a rodela de cenoura em filetes para fazer o bico como mostra a foto.
8. Coloque o filete de cenoura no ovo de codorna para fazer o bico da galinha.
9. Espete o palitinho de biscoito no ovo de codorna para fazer o pescoço e em seguida coloque tudo no brioche.

Usando o forno e o fogão

Ursinho de tapioca

`SEM GLÚTEN`

Tempo de preparo
20 minutos

Material:
Frigideira
Escumadeira

Ingredientes:
2 colheres de sopa de farinha para tapioca
1 goiaba cortada em rodelas
1 colher de mel
3 uvas passas

A tapioca pode substituir o pão branco e não contém glúten. É uma ótima opção para preparos rápidos, tem cálcio, ferro, potássio. O que vai definir se é saudável ou não são os recheios!

MODO DE FAZER:
1. Coloque a massa de tapioca na frigideira fazendo um círculo grande no centro para fazer a cabeça do urso e dois círculos pequenos nas laterais para fazer suas orelhas.
2. Pegue a frigideira com a massa e coloque no fogão. Ligue em fogo médio/baixo por 1 minuto e desligue.
3. Em um prato coloque as goiabas e o mel em cima a tapioca.
4. Agora vamos decorar. Coloque duas rodelas de goiaba onde serão as orelhas do ursinho. Para fazer os olhos, use duas uvas passas e corte outro pedaço de goiaba para fazer o nariz do ursinho.
5. Outra opção é fazer uma tapioca salgada de ursinho.

クスクス

Cuscuz de bichinhos

SEM GLÚTEN

Tempo de preparo
10 minutos

Material:
Refratário para microondas
Tesoura sem ponta

Ingredientes:
1 xícara de massa para cuscuz
Queijo branco em pedaços
sal a gosto
2/3 xícara de água
2 rodelas de xuxu ou pepino
3 rodelas de cenoura
2 uvas-passas
2 gergelins negros
1 fatia de tomate cereja

O cuscuz não contém glúten, mas ao comprar o produto fique atento(a) ao verso da embalagem, pois muitos produtos provenientes do milho, embora sem glúten, são processados e moídos em máquinas que processam e moem alimentos com glúten como a farinha de trigo.

MODO DE FAZER:
1. Coloque a massa de cuscuz, o sal e a água em um refratário para microondas, misture tudo e deixe descansar por 5 minutos.
2. Coloque o refratário no microondas por 1 minuto em temperatura alta.
3. Retire do refratário em um prato e decore como mostra o passo a passo.

FAIXA ETÁRIA: +5 ANOS

Girafa de panqueca

Tempo de preparo
20 minutos

Material:
Frigideira antiaderente
Escumadeira

Ingredientes:
Recheio Salgado:
2 colheres de sopa de frango desfiado
1 colher de sopa de cenoura ralada
1 colher de sopa de milho verde
1 fatia de queijo branco
4 uvas passas
Recheio doce:
morango e banana fatiados.
1 colher de sopa de mel.
1 colher de aveia ou granola.
Massa:
2 colheres de sopa de farinha de trigo integral
2 colheres de sopa de farinha de trigo branca
2 colheres de farinha de aveia
1 ovo batido
sal a gosto
300 ml de leite ou água
3 colheres de sopa de óleo de girassol ou canola

MODO DE FAZER:
1. Misture todos os ingredientes da massa até ficar homogêneo.
2. Esquente um pouco a frigideira e em seguida adicione a massa.
3. Ajeite a massa na frigideira para que ela fique completa em toda a superfície da frigideira.
4. Quando estiver formando bolhas, vire a massa.
5. Desligue o fogo.
6. Coloque o recheio como segue abaixo.
7. Para fazer o rosto, corte uma rodela de banana ao meio e posicione no lugar dos olhos.
8. Corte dois filetes de banana para fazer as antenas da girafa e no topo coloque duas uvas passas.
9. Pegue uma uva passa e divida em quatro partes; duas serão os olhos da girafa e as outras duas o nariz!

Panquecas românticas

Tempo de preparo
20 minutos

Material:
Bisnaga para molhos
Frigideira
Escumadeira

Ingredientes:
1 ovo batido
sal a gosto
300 ml de leite ou água
5 colheres de sopa de azeite, óleo de girassol ou canola
100gr de farinha de trigo

Para saber se o azeite é puro, extra-virgem, basta colocar um pouco do azeite na geladeira por 48h; se ele solidificar é puro, se ainda se mantiver liquido, não é puro.

MODO DE FAZER:
1. Misture todos os ingredientes da massa até ficar homogêneo.
2. Coloque a massa da panqueca na bisnaga e aqueça a frigideira em fogo baixo.
3. Adicione a massa da panqueca fazendo o formato de coração.

Observação: Para saber se o azeite é puro, extra-virgem, basta colocar um pouco do azeite na geladeira por 48h; se ele solidificar é puro, se ainda se mantiver liquido, não é puro.

Pasteizinhos assados de caranguejo

FAIXA ETÁRIA: +4 ANOS

Tempo de preparo
20 minutos

Material:
Tesoura sem ponta
Colher pequena
Assadeira

Ingredientes:
Massa própria para pastel
azeite para pincelar
Recheio:
ricota
milho verde
espinafre picado
cenoura ralada
sal a gosto

MODO DE FAZER:
1. Abra a massa de pastel e coloque um pouco de recheio, não coloque muito para não transbordar. Com a colher vede a massa.
2. Usando a tesoura faça os cortes como nas fotos.
3. Pincele o pastel com azeite e coloque em forno pré-aquecido médio por 7 a 10 minutos ou até dourar.

チーズパン

Pão de queijo de bichinho

FAIXA ETÁRIA: +5 ANOS

Tempo de preparo
30 minutos

Ingredientes:
1 prato fundo de queijo minas meia cura ralado
1 prato fundo de polvilho doce
1 colher de sopa de fermento em pó.
2 ovos
1 pitada de sal
1 colher de sopa de margarina ou 2 colheres de sopa de óleo de girassol

O pão de queijo é tão gostoso que até países como Itália, França, Japão e Portugal importam essa maravilha mineira!

MODO DE FAZER:
1. Misture todos os ingredientes e leve á geladeira por 1hora.
2. Depois, pegue a massa e modele os pãezinhos conforme segue o passo a passo abaixo.
3. Coloque em forno pré-aquecido a 200 graus por meia hora ou até dourar.

Pãozinho de batata divertido

SEM LACTOSE

Tempo de preparo
40 minutos

Materiais
Vasilha
Espátula
Liquidificador

Ingredientes:
1 colher de sopa de fermento em pó
150ml de água
3 colheres de sopa de açucar
1 colher de chá de sal
3 xícaras de farinha
1 ovo
3 colheres de sopa de óleo milho ou azeite
1 batata baroa cozida
1 batata inglesa pequena cozida
1 batata doce pequena cozida

MODO DE FAZER:
1. Coloque todos os ingredientes no liquidificador com a ajuda de um adulto, menos a farinha e o fermento.
2. Bata tudo em velocidade baixa rapidamente.
3. Em uma vasilha, despeje a mistura e vá adicionando a farinha com o fermento até que a massa desgrude das mãos.
4. Pegue um pouco da massa e adicione cacau em pó para colorir de marrom, curry ou açafrão se desejar o amarelo.
5. Modele o pão como mostram as figuras e leve ao forno 180 graus por aproximadamente 25-30 minutos ou até dourar.

Balinha de minhoca

FAIXA ETÁRIA: +3 ANOS

Tempo de preparo
Montagem: 10 minutos
Geladeira: 2 horas

Material:
1 refratário raso
Colher
Liquidificador

Ingredientes:
2 pacotes de gelatina em pó incolor
Água para hidratar a gelatina
1 bandeja de morangos ou 1 polpa de morango (ou qualquer polpa ou fruta de sua preferência - 250gr, no caso do suco de uva integral, 1 copo americano)
Açúcar demerara ou mel (a gosto)
250ml de água

MODO DE FAZER:
1. Coloque em uma panela a água juntamente com os dois pacotes de gelatina, depois aqueça, sem ferver a gelatina, apenas para dissolvê-la. Reserve.
2. Pegue o morango, adicione açúcar demerara ou mel e bata tudo no liquidificador com 250ml de água.
3. Misture a gelatina com o morango e bata mais um pouco no liquidificador até virar uma mistura homogênea.
4. Coloque a mistura no refratário ou bandeja e leve à geladeira por duas horas.
5. Quando a gelatina estiver consistente, peça para um adulto ou com a supervisão de um adulto, faça tirinhas da gelatina com uma faca sem ponta! Vá puxando delicadamente as tirinhas do refratário e coloque-as em um prato imitando minhocas!

Cookies- moedinhas dos piratas

`SEM GLÚTEN` `SEM LACTOSE`

FAIXA ETÁRIA: +4 ANOS

Tempo de preparo
30 minutos

Material:
Assadeira
Papel manteiga
Colher
Garfo

Ingredientes:
2 colheres de sopa de farinha de coco
2 colheres de sopa de farinha de arroz
2 colheres de sopa de milharina
2 colheres de sopa de coco ralado ou coco queimado ralado
1 banana amassada
2 colheres de sopa de açúcar demerara
2 colheres de sopa de óleo de girassol ou óleo de coco
1 colher de sopa de linhaça
1 ovo
1 colher de sopa de fermento em pó

Homero foi um poeta que viveu no século VIII a.C., Ele foi o cridor do nome Pirata, dado aos homens que se apoderavam das riquezas que estavam dentro de barcos e cidades costeiras

MODO DE FAZER:
1. Forno pré- aquecido por 15 min a 180 graus.
2. Misture todos os ingredientes e com uma colher retire porções da massa. Faça bolinhas e coloque-as na assadeira com papel manteiga e amasse as bolinhas com um garfo.
3. Leve ao forno por 15 minutos ou até dourar levemente. Retire do forno e espere esfriar.

Tortinhas de rosas

SEM LACTOSE

Tempo de preparo
30 a 40 minutos

Material:
Faca sem ponta ou ralador
Assadeira para mini mufin ou forminhas de silicone forneáveis.

Ingredientes:
Massa em rolo própria para pastel.
1 maçã
Açúcar para polvilhar.

A maçã previne a cárie, o câncer, AVC, diabetes, faz bem para a pele, para a garganta e para o trato respiratório. Nunca deixe de comer maçã!

MODO DE FAZER:
1. Pré aqueça o forno em 200 graus.
2. Corte a maçã em fatias bem finas.
3. Corte a massa como mostra a foto.
4. Agora posicione as maçãs com a massa conforme segue o passo-a-passo.
5. Coloque as tortinhas na assadeira e leve ao forno por 10-15 minutos. Fique atento à maçã para não queimar.
6. Retire do forno, espere esfriar e coloque 1 colher de mel em cada tortinha.

FAIXA ETÁRIA: +7 ANOS

知らウサギ

O coelho sabido

Tempo de preparo
15 minutos

Material:
Tábua
Faca sem ponta e tesoura.
Ingredientes:
1 manga
2 fatias de abacaxi desidratado
1 uva
1 morango
1 uva passa
1 maçã

Um morango tem em média 200 sementes.

MODO DE FAZER:
1. Corte uma fatia de manga para fazer a carinha do coelho.
2. Corte com a tesoura as fatias de abacaxi desidratado para fazer as orelhas do coelhinho.
3. Corte um pedaço da uva para fazer o nariz e com a tesoura corte a uva passa para fazer os bigodes e os olhos.
4. A maçã será cortada em fatias finas. Com a ajuda da tesoura, os dentinhos são feitos no formato de dois retângulos.
5. Corte o morango ao meio para fazer a gravatinha.

A cobra colorida

FAIXA ETÁRIA: +2 ANOS

Tempo de preparo
10 minutos

Material:
Faca sem ponta

Ingredientes:
1 banana cortada em rodelas
4 morangos

Você sabia que banana assada com canela proporciona uma ótima noite de sono?

MODO DE FAZER:
Corte 1 morango ao meio para fazer a cabeça da cobra.
Corte em fatias o resto dos morangos e a banana.
Agora intercale as rodelas de banana e morango para fazer o corpo da cobra e ao final coloque a cabeça feita de morango.

Passarinho apaixonado

Tempo de preparo
10 minutos

Material:
Faca sem ponta

Ingredientes:
2 rodelas de banana
1 morango
1 goiaba
1 uva passa
1 kiwi

As goiabas têm mais vitamina C que as laranjas

MODO DE FAZER:
1. Corte a goiaba como mostra a foto
2. Corte uma rodela de kiwi para fazer a cabeça do passarinho
3. Coloque as duas rodelas de banana e divida a uva passa ao meio para fazer os olhos
4. Para fazer o bico, corte a pontinha do morango
5. Com uma rodela de morango está pronta a barriguinha
6. Se quiser pode colocar também uma crista

Arco-íris

FAIXA ETÁRIA: +3 ANOS

Tempo de preparo
10 minutos

Material:
Tábua
Faca sem ponta

Ingredientes:
Morangos
Melancia
Mamão papaia
Tangerina
Laranja
Manga
Banana
Uvas verde e roxa
Kiwi

No Brasil as melancias mais aceitas são as que possuem menos ou nenhuma sementes. Em outros países a abundância dos caroços é o aspecto mais valorizado. Fruto de origem africana, lá eles utilizam suas sementes para fazer óleo, na Índia fazem farinha para pão e na Ásia são comidos torrados e salgados.

MODO DE FAZER:
1. Corte todos em cubos e na sequencia vá colocando camada por camada como mostram as fotos.

O porco espinho de pera

Tempo de preparo
10 minutos

Material:
Palitos de dente
Descascador

Ingredientes:
1 pera
1 limão
Uvas sem semente
2 cravos da índia

Uma tigela com água e limão é excelente para retardar o escurecimento de frutas e verduras cortadas como a pera e a maçã por exemplo.

MODO DE FAZER:
1. Descasque uma parte da pera com o descascador como mostra a foto.
2. Passe o limão na parte descascada da pera para não escurecer.
3. Espete os palitos nas partes com casca da pera.
4. Em seguida coloque as uvas.
5. Para fazer os olhos, coloque dois cravos: um em cada lado na parte descascada da pera.

Caranguejo de maçã

FAIXA ETÁRIA: +5 ANOS

Tempo de preparo
10 minutos

Material:
Faca pequena

Ingredientes:
1 maçã
1 macarrão
2 cravos da índia

MODO DE FAZER:
1. Corte uma fatia de maçã para fazer o corpo do caranguejo.
2. Corte outras duas fatias finas para fazer as patinhas e as garras do caranguejo.
3. Divida as fatias ao meio. Guarde duas para fazer as garras e as outras duas, corte em 4 partes cada. Elas serão três patinhas de cada lado e os olhinhos.
4. Agora retire um pedacinho de maçã de cada garrinha como mostra a foto.
5. Coloque os cravos da índia nos pedaços de maçã que serão os olhos e fixe os olhos no corpo com um pedaço de macarrão ou palito.

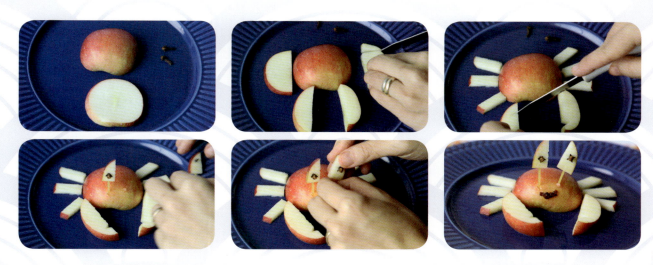

Ratinho de kiwi

Tempo de preparo
3 minutos

Material:
Faca pequena

Ingredientes:
1 kiwi
2 cravos da índia

Embora o Kiwi tenha origem da China, seu maior produtor atualmente é a Itália.

MODO DE FAZER:
1. Corte duas tampas do kiwi como mostra a foto.
2. Faça um pequeno corte em cada lado, para posicionar as orelhas do ratinho.
3. Agora coloque um cravo da índia de cada lado do rosto do ratinho para formar os olhos.

Espetinho de foguete

Tempo de preparo
10 minutos

Material:
Palito para churrasco de madeira ou bambu
Faca pequena

Ingredientes:
Melancia cortada em triângulo
1 morango
1 banana
1 goiaba cortada em fatias

Quanto mais ácida é a laranja, mais vitamina C ela possui.

MODO DE FAZER:
1. Após a montagem do espetinho corte a ponta do espeto para que as crianças não se machuquem.
2. Coloque no espeto na seguinte sequência: banana, goiaba, melancia e morango, como mostram as fotos.

Borboleta encantada

Tempo de preparo
10 minutos

Material:
Faca sem ponta

Ingredientes:
2 morangos
1 banana
1 maçã
5 uvas

71% da uva produzida no mundo é utilizada para fabricar vinho, 27% in natura e apenas 2% na forma de uva passa, geleias e doces.

MODO DE FAZER:
1. Corte as frutas em fatias como mostra a foto
2. Agora faça as asas das borboletinhas com as frutas coloridas e use as rodelinhas de uva para as cabeças.

Picolés fruliruli

Tempo de preparo
Montagem: 10 minutos
Congelador: 3 horas

Material:
Forma para picolé

Ingredientes:
Água de coco
Morangos cortados em rodelas
Kiwi picado
Melancia picada
Manga cortada em cubos

A água de coco possui em sua composição vitamina C, potássio, sódio, cálcio, magnésio além de hidratar o corpo e ser um excelente antioxidante.

MODO DE FAZER:
1. Coloque na forma um pouco de cada fruta, mas tente pressioná-las na parede da forma, depois preencha o espaço vazio com água de coco e leve ao freezer por no mínimo 3 horas.
2. Para tirar o picolé da forma coloque água morna em uma vasilha e coloque a forma de picolé na água por alguns segundos, os picolés saem com facilidade.

Gelatina com frutas

Tempo de preparo
Montagem: 10 minutos
Congelador: 4 horas

Material:
Potinhos para gelatina

Ingredientes:
2 envelopes de gelatina incolor ou agar agar
Suco de morango ou de manga
Frutas picadas e cortadas em rodelas

A gelatina é rica em colágeno, isso quer dizer que ela fortalece unhas e cabelos, fique apenas atento à tabela nutricional do alimento, quantidade de conservantes e açúcar.

MODO DE FAZER:
1. Hidrate os dois envelopes de gelatina incolor com água, depois aqueça 1 xícara de chá de água para dissolver a gelatina.
2. Posicione as frutas nos potinhos ou em um refratário grande transparente.
3. Coloque a gelatina no suco, misture bem e jogue o suco no refratário ou potinhos.
4. Leve à geladeira por 4 horas.
5. Para desenformar a gelatina, basta colocar água morna em uma vasilha e colocar o pote na vasilha por alguns segundos.

Uma lancheira divertida

Para montar a lancheira você vai precisar de:

1 Vasilha ou Bentô Box
Filme plástico para embalar o lanche
Guardanapo
1 forma de silicone para muffin.

MODO DE FAZER:
1. Abra o filme plástico sobre a tábua e em cima do filme coloque o guardanapo.
2. Sobre o guardanapo coloque o sanduíche e feche com cuidado.
3. Na vasilha coloque a forminha de silicone com frutas ou verduras e ao lado o sanduíche.

Conservando o suco

Para conservar o suco e mandar sempre um suco diferente é simples:

1. Faça um suco: laranja, morango, melancia, maracujá, etc
2. Preencha a garrafa térmica até 1/3 dela e coloque no congelador por no mínimo 1h para que o suco congele lá dentro. Os outros 2/3 de suco, deixe na geladeira, o que sobrar coloque em formas de gelo para congelar e coloque também no congelador.
3. Na hora da escola, retire a garrafa térmica do congelador, adicione o restante do suco, feche e está pronto.
4. No dia seguinte, faça um suco da fruta de outro sabor. Se você fez de laranja, agora faça de morango por exemplo. Na hora da escola, coloque 2/3 de suco de morango e aqueles cubinhos de suco de laranja que foram congelados, podem ser depositados na garrafa térmica.
Observe o passo a passo:

Dúvidas e perguntas frequentes

Posso fazer o lanche divertido todos os dias?
É aconselhável não fazer todos os dias, pois a diversão pode se tornar obrigação e o dia que não houver disponibilidade para fazê-lo pode ser motivo de transtorno.

Como proceder então?
O ideal é fazer esporadicamente, por merecimento, surpresa, uma ou duas vezes na semana. Sempre demonstrando carinho e afeto, mesmo quando a criança rejeita o lanche.

Se a criança rejeitar o lanche o que fazer?
Haja com naturalidade e respeite, mesmo que você se sinta magoada, os sentimentos a serem trabalhos são de ambos, mas principalmente da criança. Se ela não quer, coma você com muito gosto, pois de qualquer forma, está uma delícia e foi feito com muito carinho. Não desista, na próxima vez, faça junto com ela, deixe que a criança participe e se sinta importante no processo.

Posso fazer mais de um e armazenar?
Sim. O ideal é fazer apenas a parte de cima do pão, a parte que será decorada. Armazene na geladeira a quantidade que quiser da mesma forma que armazenou o sanduíche para a lancheira, em filme plástico, bem fechado por no máximo 5 dias. Quando for utilizar, faça o pão normalmente e em seguida retire da geladeira a parte de cima do pão já decorada e coloque no sanduiche.

Se a criança só quiser fazer toda vez a parte divertida e não quiser comer?
Tudo bem. O propósito da alimentação saudável e divertida é aproximar pais e filho. Trazer momento de diversão entre famílias, unindo o útil ao agradável, a criança comer o alimento é consequência, se ela conhecer, tocar, experimentar, sentir o cheiro, aprender sobre medidas, adição, subtração, fração, histórias, artes, singular e plural, já é uma grande vitória. Horas de maior firmeza e confiança devem ser impostos em outros momentos e refeições que não as divertidas.

Se o meu filho nunca pegou em uma faca, devo dar a ele uma faca sem ponta mesmo assim?
Não, o ideal é você já deixar tudo preparado e cortado para que a criança apenas monte o lanche junto com você. Em preparações com forno, a parte do preparo a criança pode misturar, adicionar os ingredientes, mas nas partes em que a faca é utilizada ou o fogão, apenas os adultos podem utilizar, ou apenas o adulto que está supervisionando a atividade tem o discernimento de conduzir a situação, tanto ensinando a usar como a não deixar usar.

Referências Bibliográficas

Bittman, Mark. *How to Cook Everything Vegetarian*. Wiley, 2007.

CADERNOS DE ATENÇÃO BÁSICA. *Saúde da criança: nutrição infantil*. Brasília-DF: Editora Ministério da Saúde, 2009.

HERCULANO-HOUZEL, S. *O Cérebro nosso de cada dia*. Vieira & Lent, Rio de Janeiro, 2002

KISHIMOTO, Tizuco M. (Org.) *Jogo, brinquedo, brincadeira e a educação*. 5ª Edição. São Paulo: Cortez, 2001.

SITUAÇÃO MUNDIAL DA INFÂNCIA 2008 – *Sobrevivência Infantil*, UNICEF, Brasília, 2008.

Wells, Patricia. *Cozinha de Bistrô*. Rio de Janeiro: Ediouro, 2009.

Zieglar, Herta. *Flavorings: Production, composition, applications*. Wiley - VCH, 2007

Graduada em Biologia e pós-graduada em Psicopedagogia pela Universidade Católica de Brasília, Evelyne Ofugi, neta de japoneses, é apaixonada por culinária infantil, com foco na alimentação saudável e divertida. Além de ministrar cursos e workshops sobre o assunto para crianças e adultos, é empresária na área de alimentação e proprietária da Bênto Kids. Possui ainda várias qualificações na área, como: Bases Nutricionais Infanto Juvenil; Menu para crianças; Aproveitamento de Alimentos; Educação infantil - Características e singularidades e Nutrição Funcional, além do curso de Child Nutrition and Cooking pela Universidade de Stanford.

Para conhecer mais sobre o trabalho da autora acesse:
www.facebook.com/bentokidsbrasilia
bentokids@gmail.com
Instagram: bento_kids_evelyne

Tipografia	Sassoon Primary
	Gyosho
Papel	Couché 150 g/m2
	Duo Design 250 g/m2
Impressão	Gráfica Brasil